»HER« MIT DEM schönen Leben!

DER MOMENT,
IN DEM DU AUFHÖRST, DIR GEDANKEN DARÜBER
zu machen, was andere von dir halten,
UND DU ANFÄNGST, SO ZU LEBEN, WIE DU MÖCHTEST,
ist der Moment, in dem du
ENDLICH FREI BIST!

EVERY DAY IS A
SECOND CHANCE.

be
happy :)

WANN? WENN NICHT

jetzt.

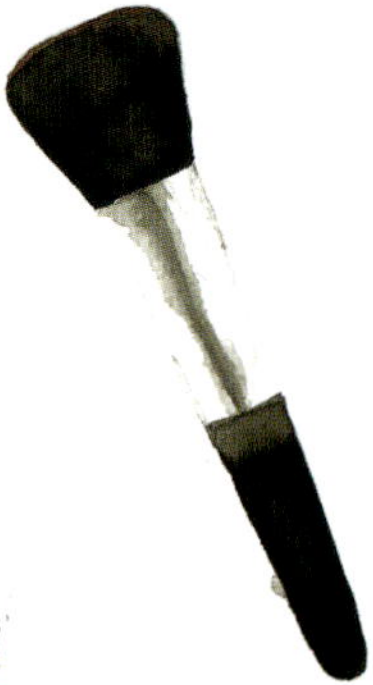

Joy

is the
>> best <<
make-up!

BE

you

TIFUL

Every time

you are able to find
some humor in a
difficult situation

you win!

Das Leben ist schön, von einfach war nie die Rede!

… und plötzlich weißt du,
es ist Zeit, etwas Neues
zu beginnen & dem
Zauber des Anfangs
zu vertrauen.

Warte nicht auf den
perfekten Moment...
Nimm ihn dir einfach und mach ihn

PERFEKT.

LOVE
you to the
moon
and back

1 Universum

9 Planeten

204 Länder

809 Inseln

7 Meere

und ich hatte die

Ehre, dich zu treffen!

Es heißt

Freundschaft,

weil man mit

Freunden

alles schafft!

Ein Freund

ist jemand, der alles
von dir weiß und dich

trotzdem liebt!

Das Leben ist schön!
LASS dich VERZAUBERN,
glaub an Wunder, hab große
Träume, VERLIEB DICH,
fühl dich frei, TANZ AUS DER REIHE
& mach jeden Tag zu etwas
Wundervollem.

Leben

ist das, was einen erwartet, während man auf seine

Träume

wartet.

Eines Tages
wird jemand in

dein Leben

treten und dir zeigen,
warum es mit allen anderen
nicht geklappt hat.

Es ist NICHT immer
alles gut, aber
es gibt IMMER DIE
Aussicht, dass
alles gut WIRD!

Glück ist,

WENN DER VERSTAND TANZT,

DAS HERZ ATMET

UND DIE AUGEN lieben.

Es ist schön,

JEMANDEN ZU KENNEN, MIT DEM MAN

VOR LAUTER SPASS

DEN ERNST DES LEBENS VERGESSEN KANN ...

DON'T
LOSE
YOUR
FIRE

BUT FIRST

coffee!

Collect
MOMENTS, NOT
THINGS

DO MORE OF
WHAT MAKES
you
HAPPY

Hol den Wein.
Wir müssen über Gefühle reden.

LÄUFT BEI MIR
ZWAR RÜCKWÄRTS
UND BERGAB...
ABER LÄUFT

Die schönsten Erinnerungen sind die an gemeinsam verbrachte Zeiten.

Der richtige Mensch ist nicht der,
mit dem immer alles toll ist, sondern der,
ohne den alles blöd ist.

When it rains,

look for rainbows.

When it's dark, look for

stars.

Macht die Augen zu.
Dann hört sich
Regen an wie
Applaus!

~~sollte~~

~~würde~~

~~könnte~~

machen!

Do what you

LOVE

what you do!

Life is short,
buy the shoes!

ICH KÖNNTE
AUFHÖREN ZU
shoppen,
ABER AUFGEBEN
WAR NOCH NIE
mein Ding!

Glück

LÄSST SICH

NICHT ERZWINGEN. ABER ES MAG

HARTNÄCKIGE MENSCHEN.

Glück
bedeutet nicht,
DAS BESTE VON ALLEM ZU HABEN,
ES BEDEUTET, DAS BESTE
aus allem zu machen.

LASS DICH NICHT
UNTERKRIEGEN,
SEI FRECH, WILD
UND WUNDERBAR!

Man muss das Leben tanzen.

Nimm dir Zeit

für

die Dinge,

die dich

glücklich

machen.

Manchmal
NEHMEN DIE
kleinsten Dinge
DEN GRÖSSTEN PLATZ IM
Herzen ein.

WENN DER *Weg* *schön* IST,
LASS UNS NICHT FRAGEN,
wohin er führt.

Die Ankunft
AM ZIEL IST
UMSO SCHÖNER,
JE MEHR STÜRME
du erlebt hast.

Liebe muss nicht perfekt sein, sondern echt.

Liebe ist

WENN DU JEMANDEM IN DIE AUGEN SCHAUST UND ALLES SIEHST, WAS DU BRAUCHST.

Never give up, great things take time!

„Am Ende wird alles

gut.

Wenn es nicht gut wird,
ist es noch nicht

das

Ende."

WUNDER
Liebe
VIEL Glück
GUTE Laune
Sonnen-SCHEIN
Mut
freude

time
« is »
NOW

Sky
is the
limit!

DO SMALL THINGS WITH *great* LOVE

Illustrationen

Seiten 6, 22 und 35: India Stöppel • Seite 15: Lara Stöppel

Textnachweis

Seite 10: Meister Eckhart • Seite 11: Reinhard Becker
Seite 15: Elbert Hubbard • Seiten 17, 19, 28 und 44: Werner Bethmann
Seite 39: Friedrich Nietzsche • Seite 43: Anatole France • Seite 48: Oscar Wilde

ISBN 978-3-86229-454-1

GW-Trading GmbH • Stadtring Nordhorn 113 • 33334 Gütersloh • Deutschland

www.grafik-werkstatt.de